Entendiendo el Mensaje de 1888

El Hombre de Romanos 7

Edición Original

Ralph Larson

&

Ellet J. Waggoner

Copyright ©2023

LS COMPANY

ISBN: 978-1-0881-8091-4

Contenido

—Yo Por Mi Mismo; El Hombre De Romanos 7 ¿Quién Es? 4

¿Quién, Es Entonces, Esta Persona, Este Hombre? ¿Quién Es El "Yo" De Romanos 7? 7

El Problema De Ambas Alternativas 9

Tercer Punto De Vista 14

Las Dos Palabras "Yo Mismo" 17

¿Qué Dice El Original Griego? 22

Romanos 7—Casados Con El Mal Marido 33

Una Ilustración Sorprendente 34

La Lucha Por La Liberación. 43

Comentarios De Elena White Sobre Romanos 7 52

—Yo Por Mi Mismo; El Hombre de Romanos 7 ¿Quién es?

Hemos visto que uno de los textos favoritos usados por Ellen White y sus contemporáneos en sus análisis de la naturaleza de Cristo y la obra muy cercana de la salvación efectuada por Cristo fue. Romanos 8:3 nos dice:

Dios envió a Su propio Hijo en semejanza de carne pecaminosa, y murió por el pecado, condenó al pecado en la carne.

Ellos entendieron "en semejanza de carne pecaminosa" como queriendo decir que Cristo vino a esta tierra en la naturaleza caída del hombre. Ellos entendieron "condenó al pecado en la carne" como queriendo decir que Cristo enfrentó al enemigo y lo venció en su propio bastión, la carne pecaminosa del hombre. A través de estos medios, Él les dejó claro a todos que el hombre en carne pecaminosa puede vivir sin pecar, a través del poder de Dios.

Ellos, por eso, entendieron Romanos 7 a la luz de estas dos grandes realidades. Ya que los Calvinistas ofrecen una interpretación totalmente diferente de Romanos 7, el siguiente material es colocado a disposición para propósitos de comparación.

El apóstol Pablo esta envuelto. Él estaba preocupado. Él cuidaba tan profundamente las personas por las cuales él trabajaba, y se identificaba a sí mismo tan completamente con sus intereses, que él pudo escribir:

"Si la carne hace con que yo ofenda a mi hermano, no comeré carne mientras el mundo permanezca". (1 Cor. 8:13)

Su ardiente afección por sus conversos es expresada en (Fil. 4:1)

"Por eso, mis hermanos, muy amados y deseados, mi gozo y mi corona, estad así firmes en el Señor, mis queridos amados.

Su naturaleza sensible estaba herida profundamente por una separación temporaria de los Corintios, a quienes él había traído a Cristo, y cuando los mal entendidos entre ellos fueron aclarados, su gozo no conoció límites. (Ver 2 Cor. 7)

Pero la carga más pesada de su corazón era por los Judíos, Israel, el pueblo escogido, el árbol que el propio Dios había plantado. Todas las veces que él fue a predicarles a los gentiles, todas esas veces él volvió a los Judíos, esperando, orando, anhelando su salvación.

"Digo la verdad en Cristo, no miento, mi consciencia también me hace dar testimonio en el Espíritu Santo, que tengo un gran peso y continua pena en mi corazón. Porque podría desear que yo mismo fuese maldito por Cristo por mis hermanos, mis parientes de acuerdo con la carne". (Rom. 9:1-3)

El libro de Romanos, en el cual estas conmovedoras palabras fueron escritas, reflejan los sinceros esfuerzos de Pablo a favor de los Judíos. En el capítulo siete encontramos un ejemplo clásico de la simpatía, la empatía, la devoción por el bien del pueblo Judío, que está expresada en (1 Cor. 9:20-22)

"Para los Judíos me he hecho Judío, para que pueda ganar a los Judíos; para aquellos que están bajo la ley, como si estuviese bajo la ley, para que pueda ganar a los que están bajo la ley... Me he hecho todas las cosas a todos los hombres, para que pueda por todos los medios salvar algunos".

Este séptimo capítulo de Romanos a menudo ha sido analizado por escritores cristianos desde que fue escrito la primera vez por Pablo. En él vemos un cuadro gráfico de un hombre en dificultad, un hombre en angustia (sufrimiento), un hombre que parece estar destinado a fallar y a ser derrotado en su vida espiritual. Él parece haber sido cogido en una tensión entre sus propias tendencias y deseos pecaminosos, y los justos requerimientos de la santa ley de Dios. El capítulo habla en términos móviles a respecto de tentaciones resistidas pero no vencidas, de objetivos no alcanzados, de propósitos no cumplidos, de ideales mantenidos pero no conseguidos, de una victoria que es deseada pero no ganada, de un conflicto que es doloroso y que termina uniformemente en derrota. Y este hombre desafortunado es identificado por el pronombre personal "yo". En una forma substantiva, objetiva o posesiva el pronombre personal singular aparece 46 veces en los versos 7-25, los cuales describen el predicamento de este perdedor nacido, este hombre derrotado.

¿Quién, es entonces, esta persona, este hombre? ¿Quién es el "yo" de Romanos 7?

Procedamos cuidadosamente. Hay envueltas profundas implicaciones teológicas en nuestra conclusión. Nuestro punto de vista sobre la naturaleza de la salvación en sí misma puede depender de nuestra respuesta a esta pregunta. El capítulo es claramente un caso para ser estudiado, y está colocado delante de nosotros de una manera tan específicamente detallada, que sentimos que fue hecho definitivamente así. ¿Pero de qué? ¿Quién es este hombre de Romanos 7 que continuamente anhela aquello que él no puede alcanzar, y vive en una continua e irrompible frustración y derrota?

Dos sugestiones importantes han sido colocadas por los escritores cristianos a través de los siglos:

1. *El hombre de Romanos 7 es el hombre no regenerado*, no convertido, cuyo corazón está naturalmente en rebelión contra Dios y Su santa ley. Como no tenemos una razón para creer que Pablo estuvo alguna vez en esta condición de rebeldía, se propone que Pablo estaba simplemente identificándose a sí mismo con el hombre rebelde, no regenerado, simplemente con propósitos de comunicación, así como los predicadores lo hacen a menudo ahora.

2. *El hombre de Romanos 7 es el propio Pablo en su experiencia regenerada*, convertida, después de haber llegado a conocer a Cristo. Esto por lo tanto prueba que la victoria sobre la tentación y el pecado no es posible para los cristianos en esta vida. Si Pablo no pudo parar de

pecar, aun a través del poder de Cristo, es seguro de que nadie más puede parar de pecar.

El Problema de ambas Alternativas

El problema que encontramos cuando consideramos estas dos alternativas es que ninguna es fácil de ser defendida. Ninguna soporta muy bien la investigación.

Si preferimos la primera, que el hombre de Romanos 7 es el hombre no regenerado, no convertido, pecador rebelde, tenemos dificultades para responder preguntas como estas:

¿Confiesan los pecadores no regenerados que la ley de Dios es santa, justa y buena? (verso 12).

¿Tales tipos de hombres reconocen que la ley es espiritual, pero que "yo soy carnal"? (verso 14).

¿Los hombres no regenerados apelan que no es por ellos mismos que el mal es hecho? (verso 17).

¿Los hombres no regenerados hacen el bien? (verso 18).

¿Dicen los hombres no regenerados, "el bien que quiero hacer, no lo hago, pero el mal que no quiero, ese hago"? (verso 19).

¿Dicen los hombres no regenerados, "me regocijo en la ley de Dios en el hombre interior"? (verso 22).

Sería difícil responder si a cualquiera de estas preguntas. En nuestra experiencia humana no escuchamos a hombres no regenerados alabando la santa ley de Dios. Mas bien la maldicen. Tampoco admiten que la ley de Dios es espiritual, pero que ellos son carnales. Ellos tratan de ser defensivos en su condición. Ellos no odian el mal que hacen; más bien lo aman. Ellos no desean hacer el bien; ellos desean hacer el mal. Y ellos ciertamente no se "regocijan en la ley de Dios en el hombre interior". Ellos odian la ley, se sienten condenados por ella, y la temen. Aquellos de nosotros que hemos vivido en una condición no regenerada creemos que el cuadro que las palabras de Pablo pintan no describe correctamente nuestra experiencia.

Así, encontrando difícil de defender la primera posición, que el hombre de Romanos 7 es el hombre no convertido, no regenerado, que vive en rebelión contra Dios, vamos a considerar la segunda, que el hombre de Romanos 7 es el hombre cristiano convertido, regenerado, el que encuentra que aun estando en Cristo, no puede dejar de pecar.

Muy luego encontramos problemas. ¿Cómo podríamos responder preguntas como estas?

¿Por qué diría Pablo, "yo soy carnal" (verso 14) y en el mismo análisis dice, "la mente carnal es enemistad contra Dios"? (Rom. 8:7)

¿Por qué diría Pablo, "yo estoy vendido al pecado" (verso 14) y en el mismo análisis dice, "habiendo sido liberado del pecado"? (Rom. 6:18)

¿Por qué diría Pablo que él encuentra imposible en poder parar de hacer el mal que él odia (versos 15-23) y en el mismo análisis él escribe.

que la justicia de la ley puede ser cumplida en nosotros que caminamos conforme a la carne, sino conforme el espíritu. (Rom. 8:4)

¿Por qué se describiría Pablo a sí mismo como estando "cautivo a la ley del pecado" (verso 23) y en el mismo análisis escribe.

> *pero ahora siendo liberado del pecado, y siendo siervos de Dios, tenéis como vuestro fruto la santificación... (Rom. 6:22)*

Y trasladando la materia del análisis abstracto a la vida real, ¿creemos que Pablo quería parar de jurar, pero no podía; que él quería parar de robar, pero no podía; que él no quería continuar cometiendo adulterio, pero no podía? ¿O aun que él quería parar de imaginarse a sí mismo haciendo estas cosas, pero no podía? ¿Cómo pudo entonces escribir en (2 Cor. 10:5) derribando imaginaciones... y llevando cautivo todo pensamiento a la obediencia de Cristo?

Si nosotros ampliamos el contexto para incluir todos los escritos de Pablo, quedamos impresionados con la ausencia de derrotismo y con la nota de victoria que los impregna. Las limitaciones de espacio impiden que coloquemos aquí todos los textos de victoria, pero podemos incluir algunos más representativos:

"Puedo hacer todas las cosas a través de Cristo que me fortalece". (Fil. 4:13)

"De modo que si alguno está en Cristo, nueva criatura es; las cosas viejas pasaron; he aquí todas son hechas nuevas". (2 Cor. 5:17)

"Yo estoy crucificado con Cristo: no obstante yo vivo, pero no yo, sino Cristo vive en mí...". (Gal. 2:20)

"Ahora sobre Él que es capaz de hacer extremamente abundante sobre todo lo que nosotros pedimos o pensemos, de acuerdo con el poder que opera en nosotros". (Efe. 3:20)

> *"Y renovaos en el espíritu de vuestra mente; y vestíos del nuevo hombre, creado según Dios en la justicia y santidad de la verdad". (Efe. 4:23-24; ver también 1 Cor. 10:13; 2 Cor. 10:4-5; Gal. 5:16,20-25; Efe. 2:1-6; Efe. 5:25,27; Efe. 6:10-17; Fil. 2:13; etc.)*

Así encontramos que la segunda opción, de que el hombre de Romanos 7 es el cristiano convertido, regenerado, es decir, el propio Pablo, también es difícil de defender. ¿No hay ninguna otra solución?

Afortunadamente, sí existe. No estamos limitados a estas dos alternativas. Una tercera sugestión ha sido hecha, y ha sido apoyada por teólogos tales como Arminio y Wesley, y por testigos tan antiguos como Irineo, Tertulio, Orígenes, Cipóleo, Crisóstomo, Basileo el Grande, Teodoro, Cirilo de Alejandría, Macario, Juan de Damasco, Teofiláctero, Ambrosio, Jerónimo, Clemente de Alejandría, Virgilio, Procopio de Gaza, Bernardo de Calirveaux, León el Grande, Gregorio Nazianzeno, Gregorio de Niza, y el propio Agustín.[1]

Lo que tal vez sea más directo, es que este tercer punto de vista es fuertemente apoyado por las propias palabras de Pablo en el texto original Griego.

---

[1] Bangs, Carl, Arminio: Un Estudio en la Reforma Holandesa, pág. 191-192.

Tercer Punto de Vista

¿Cuál es el tercer punto de vista? Que el hombre de Romanos 7 no es ni el no regenerado rebelde contra Dios, ni el cristiano convertido y regenerado, sino que es el hombre "bajo la ley", el Judío que quiere hacer la voluntad de Dios pero que no acepta a Cristo; solamente un tipo de hombre así como Pablo fue antes de su experiencia en el camino de Damasco. Pablo puede hablar de este hombre como "yo" con toda precisión, porque él está describiendo una experiencia que él mismo tuvo antes de que conociera a Cristo. Aun cuando no describe su experiencia actual, él enfatiza y se identifica a sí mismo con este hombre y su predicamento tal como está indicado en (1 Cor. 9:20)

"Para los Judíos me he hecho Judío, para que pudiese ganar a los Judíos; para aquellos que están bajo la ley, como si estuviese bajo la ley, para que pudiese ganar a aquellos que están bajo la ley".

Haríamos bien en recordar que en la visión del mundo de Pablo, todos los seres humanos estaban divididos en tres grupos: aquellos sin ley, aquellos bajo la ley y aquellos bajo la gracia. (También descritos como bajo la ley de Cristo; compare 1 Cor. 9:20-21 con Rom. 6:15, Gal. 4:4-5 y Gal. 5:18; etc.)

Aquellos sin ley eran los paganos, no regenerados rebeldes contra Dios; aquellos bajo la ley eran los Judíos que profesaban estar haciendo la voluntad de Dios mientras rechazaban a Cristo; y aquellos bajo la gracia que eran los paganos o Judíos que habían aceptado a Cristo.

Encontramos esta tercera posición mucho menos vulnerable que las otras dos. No tenemos problemas ni con la caracterización ni con la descripción. Cualquier hombre, creemos, que tratase de hacer la voluntad de Dios sin un relacionamiento con Cristo sería como tener una experiencia del tipo que Pablo nos coloca. No nos encontramos a nosotros mismos luchando para armonizar aparentes discrepancias o contradicciones ni en el contexto inmediato de Romanos o en el mayor contexto de Pablo en sus otros escritos.

Tenemos sí una pregunta, pero, tal como fue sugerido anteriormente, ella puede ser rápidamente respondida a través de un examen de las palabras de Pablo en el lenguaje original. La pregunta es la siguiente:

La larga y gráfica descripción de Pablo del hombre que quiere hacer la voluntad de Dios pero que encuentra imposible de alcanzar, llega a su clímax en (Rom. 7:24)

¡Oh miserable hombre que soy! ¿Quién me librará del cuerpo de esta muerta?

En la primera mitad del verso 25 hay una respuesta, una respuesta a la pregunta

"Yo le agradezco a Dios a través de Jesús Cristo nuestro Señor".

Entonces la última parte del verso 25 presenta un pensamiento que nos llama a reflexionar:

"Y entonces con la mente yo mismo sirvo a la ley de Dios; pero con la carne a la ley del pecado".

Esta es una conclusión fácil y lógica para toda la línea de pensamiento que ha sido presentada. Pero nuestra pregunta es acerca de su relación con las palabras que justamente le preceden:

"Yo le agradezco a Dios a través de Jesús Cristo nuestro Señor".

Aquellos que creen que el hombre de Romanos 7 es el cristiano regenerado ven estas palabras como su mayor evidencia. Ellos creen que aquí se provee una prueba de que Pablo está escribiendo su propia experiencia como cristiano, dispuesto a obedecer la ley de Dios solamente con la mente pero no dispuesto a parar de pecar en su experiencia real de vida.

Aquellos, sin embargo, que creen que el hombre de Romanos 7 es el hombre que trata de hacer la voluntad de Dios mientras rechazan a Cristo ven las palabras:

"Yo le agradezco a Dios a través de Jesús Cristo nuestro Señor" como entre paréntesis, una explosión espontánea de alabanza que interrumpe la línea de pensamiento de Pablo, a la cual él vuelve inmediatamente.

¿Es posible saber cuál de estos tipos de pensamientos es el correcto? Sí. Un examen de algunas palabras en el idioma original responderá satisfactoriamente nuestra pregunta. Este es el pasaje bajo consideración, la última parte del verso 25:

"Así entonces con la mente yo mismo sirvo a la ley de Dios; pero con la carne a la ley del pecado".

Las Dos Palabras "yo mismo"

Comencemos con el sujeto de la oración, las dos palabras "yo mismo". Estas dos palabras parecen ser muy cortas para expresar el verdadero significado de las palabras de las cuales ellas han sido traducidas. Las dos palabras griegas son "ego autos". La primera palabra, *ego*, significa simplemente "yo". ¿Pero qué significa "autos"? Tiene un significado mucho mayor que el que le da el inglés (o español en este caso) "mismo". Observemos las definiciones dadas en varios diccionarios Griego-Inglés:

Mismo: intensivo, colocando la palabra la modifica de cualquier otra cosa, enfatizando y contrastando. —*Gingrich.*

Mismo, usado para distinguir una persona o cosa de o contrastarla con otra. —*Thayer.*

De uno mismo, por uno mismo, solo. —*Lidell y Scott.*

De uno mismo, de su propia voluntad, solo. —*Greenfield.*

Ego autos, entonces, nunca sería usado para describir un esfuerzo conjunto o acción, o una relación cooperativa entre dos personas. Significa, enfáticamente, yo solo. En el contexto de Romanos 7 significa yo sin Cristo. Pablo está diciendo:

> *Yo solo, sin Cristo, con la mente sirvo a la ley de Dios, pero con la carne a la ley del pecado.*

Esto armoniza perfectamente con el punto de vista de que en todo el capítulo él está describiendo la experiencia del hombre que no es un rebelde contra Dios, sino que está tratando de hacer la voluntad de Dios mientras rechaza a Cristo. Arndt y Gingrich, en una definición que usa (Rom. 7:25) como ejemplo, nos dan el verdadero significado en este contexto, de ego autos:

Dejado (abandonado) en mis propios recursos, yo solo puedo servir a la ley de Dios como un esclavo, con mi mente.

Autos es una palabra que ha venido siendo usada en el idioma Inglés con un número bastante grande de usos, los cuales reflejan su verdadero significado:

Automóvil—un vehículo con propulsión propia.

Automático—un aparato con un control que actúa por sí mismo.

Autosugestión—una hipnosis hecha por la misma persona.

Autonomía—algo que se gobierna a sí mismo.

Autógrafo—una escritura de uno mismo.

Autobiografía—una historia de su propia vida.

Autopsia—una inspección de uno mismo.

De tal manera que las palabras ego autos, yo solo, nunca serán usadas para describir la experiencia que está descrita en pasajes tales como:

(Gal. 2:20) = Cristo vive en mí.

(Fil. 4:13) = Puedo hacer todas las cosas a través de Cristo que me fortalece.

(Efe. 4:23) = el poder que opera en nosotros.

(Rom. 8:10) = Su espíritu que habita en ti.

Estas expresiones experienciales Paulinas son todas precisamente opuestas a ego autos en lo que ellas dicen de los recursos de Cristo que son colocados a disposición del creyente, donde ego autos significa dejado en mis propios recursos, yo solo. Ellas hablan de unión, la vida unida y el esfuerzo unido del cristiano con Cristo; ego autos habla del individuo, de la vida y del esfuerzo solitario.

El intenso y reflexivo significado de autos: el sujeto y no otro, está indicado en diversas escrituras donde es traducido en la pobre palabra inglesa (como también lo es en español) mismo.

Porque el mismo David dijo. (Mar. 12:36)

Jesús mismo se acercó. (Luc. 24:15)

Jesús mismo se puso en medio de ellos. (Luc. 24:36)

Pues el Padre mismo os ama. (Juan 16:27)

La cual ellos mismos también abrigan. (Hechos 24:15)

Juzgad vosotros mismos. (1 Cor. 11:13)

La acción es siempre individual, y diferente de las acciones o de la asistencia de otros; de tal manera que cuando Pablo dice ego autos en (Rom. 7:25), su significado es:

Yo, de mis recursos propios, yo sin Cristo, yo solo, con la mente sirvo a la ley de Dios, pero con la carne a la ley del pecado.

Esto enfáticamente no es la experiencia del hombre regenerado, el cristiano que hace todas las cosas en el campo espiritual en y con y a través del poder de Cristo.

Veremos ahora otra expresión en el verso 25, y las dos palabras así entonces:

"Así entonces con la mente yo mismo sirvo a la ley de Dios; pero con la carne a la ley del pecado".

Las dos primeras palabras de la sentencia en Griego son *"ara aún."* Nuevamente establecemos rápidamente el significado de la primera palabra, *ara*, que significa simplemente por eso, o así entonces, o así que. ¿Pero qué quiere decir la palabra *"aún"*? Infelizmente, los traductores de la Versión King James no se preocuparon en traducirla al inglés (Nota del traductor: ni tampoco los traductores de la Versión Reina Valera la tradujeron al español). Esto puede ser debido a que el primer uso más común de esta palabra es idéntico al de la palabra *"ara"*: por eso, o así que, o así entonces. Aparentemente los traductores sintieron que no había ninguna necesidad de escribir en inglés (o en español), por eso por eso; o así entonces, así entonces; o aun por eso así entonces. Una sola de esas expresiones debiera ser suficiente.

¿Qué dice el original Griego?

¿Pero qué sucede en el Griego? Pablo usó ambas palabras, como podemos comprobarlo al ver cualquier versión griega del Nuevo Testamento. Pablo no dijo solamente *"ara"*, él dijo *"ara oun"*. Tendríamos nosotros que suponer que Pablo se olvidó que ya había usado la palabra *ara*, y que entonces le agregó erróneamente la palabra *oun*? ¿O que él quiso realmente decir por eso por eso, o así que así qué? Ninguna de estas dos posiciones parecen ser semejantes. ¿Qué hacemos ahora?

Volviendo a nuestros diccionarios, notamos con interés de que ellos dan un segundo uso mayoritario para la palabra aún, y ellos concuerdan en su significado. Ellos dicen que aún es usado:

Para conectar un discurso después de una divagación. —*Donnegan.*

Para resumir un asunto interrumpido. —*Follet.*

Cuando un discurso ha sido interrumpido por cláusulas entre paréntesis, aún sirve para retomarlo. —*Lidell y Scott.*

Para resumir un asunto una vez más después de una interrupción. —*Arndt y Gingrich.*

Para resumir un pensamiento o un asunto interrumpido en una materia interrumpida. —*Thayer.*

(*Oun* es usado) donde una sentencia ha sido interrumpida por un paréntesis o por cláusulas de intervención, y es retomada nuevamente. —*Robinson.*

Para marcar el resumen de un discurso después de una intervención por paréntesis. —*Moulton.*

Vemos entonces que nuestro entendimiento de Romanos 7 habría sido grandemente incrementado si los buenos traductores de la Versión King James (Nota del traductor: y también de la Versión Reina Valera) no hubiesen dejado la palabra oun fuera de sus traducciones. Lo que ahora estamos en condiciones de reconocer es lo siguiente:

Pablo está desarrollando una línea de pensamiento que comienza en Romanos 7, verso 7. En este extenso pasaje él describe con precisión y elocuencia las frustraciones y fallas del hombre que está "bajo la ley". Él es el hombre que ni es un rebelde contra Dios pero que tampoco es un nacido de nuevo en Cristo, pero que está tratando de hacer la voluntad de Dios mientras rechaza la ayuda que solamente puede venir de Cristo. Este es justamente un hombre tal cual Pablo había sido antes. Y en armonía con el celoso espíritu misionero que lo llevó a decir,

Y para los Judíos me hice Judío, para que pudiese ganar a los Judíos; para aquellos que están bajo la ley, como si yo estuviese bajo la ley, para que pudiese ganar aquellos que están bajo la ley,

Pablo se identifica a sí mismo con este hombre desafortunado, como si fuese su propio predicamento, como en realidad una vez lo había sido. Su descripción continua y a través de los versos 22 y 23:

Porque yo me regocijo en la ley de Dios en el hombre interior, pero yo veo otra ley en mis miembros, peleando contra la ley de mi mente, y trayéndome en cautiverio a la ley del pecado que está en mis miembros.

En este punto, la intensidad de sus sentimientos, combinado con el conocimiento personal actual de la frustración del pobre hombre, hizo con que él explotase en una pregunta y una respuesta que interrumpe su línea de pensamiento y entonces abre un paréntesis:

(¡Oh infeliz hombre que soy! ¿Quién me librará del cuerpo de esta muerte? Yo le agradezco a Dios a través de Jesús Cristo nuestro Señor).

Entonces, creyendo que su línea de pensamiento ha sido interrumpida, él advierte al lector a respecto de ello, como también de su intención de volver a su línea de pensamiento, usando la palabra *"oun"*. Oun es usado para volver a una línea de pensamiento que ha sido interrumpida. Habiendo tomado esta precaución, él usa las palabras que debieran ser incuestionablemente claras como para indicar de que él aún está hablando acerca de la misma persona que está tratando de hacer la voluntad de Dios sin conseguir tener éxito, porque está separada de Cristo: las dos palabras *ego autos*, yo solo, dejado en mis propios recursos.

Una traducción fiel de esta última parte del verso 25 sería como sigue:

Así entonces (para volver a mi línea de pensamiento, que fue interrumpida), yo solo con la mente sirvo a la ley de Dios, pero con la carne a la ley del pecado.

La traducción de Moffat del Nuevo Testamento indica el sentido de ego autos de la siguiente manera:

> *Así, abandonado a mí mismo, yo sirvo a la ley de Dios con mi mente, pero con mí carne yo sirvo a la ley del pecado.*

Y para que el lector inglés no consiga entender todo el significado de *oun*, esta traducción coloca el verso anterior antes de la interrupción, en vez de colocarlo después.

El estudiante cuidadoso querrá comparar otros ejemplos bíblicos del uso de la palabra *"oun"*, para resumir una línea de pensamiento después que este ha sido interrumpido, tales como los siguientes (los paréntesis son a veces colocados; la identificación de la palabra que es traducida a partir de la palabra *"oun"* es colocada en todos los casos):

> *Entonces vino Él a una ciudad de Samaria, que se llama Sicar, cerca de la parcela de tierra que Jacob le dio a su hijo José. (Y estaba allí el pozo de Jacob). Jesús entonces (oun), habiéndose cansado con el viaje, se sentó en el pozo: y era aproximadamente la hora sexta. (Juan 4:5-6)*

> *Al día siguiente, cuando la gente que estuvo al otro lado del mar vio que no había ninguna otra barca ahí, a menos aquella en la cual los discípulos habían entrado, y que Jesús no se fue juntamente con*

sus discípulos en la barca, sino que sus discípulos se habían ido solos; (Pero otras barcas habían llegado de Tiberias junto al lugar donde habían comido pan, después que el Señor había dado gracias). Cuando la gente entonces (oun) vio que Jesús no estaba allí, ni tampoco sus discípulos, ellos también se embarcaron, y llegaron a Capernaum, buscando a Jesús. (Juan 6:22-24)

Y él (Juan) vino a toda la región contigua al Jordán, predicando el bautismo de arrepentimiento para la remisión de pecados: (como está escrito en el libro de las palabras de Isaías, el profeta, diciendo, voz de uno que clama en el desierto, preparad el camino del Señor, enderezad sus sendas. Cada valle será rellenado, y cada montaña y collado será aplanado, y el camino torcido será enderezado, y el camino áspero será suavizado; y toda carne podrá ver la salvación de Dios). Entonces (oun) le dijo a la multitud que había venido para ser bautizada por él, oh generación de víboras, ¿quién os ha alertado para huir de la ira venidera? (Luc. 3:3-7)

Y Jesús le dijo, hoy ha venido la salvación a esta casa por cuanto él también es hijo de Abrahán. Porque el Hijo del hombre ha venido a buscar y a salvar lo que se había perdido. (Y cuando ellos oyeron estas cosas, él les agregó y les dijo una parábola, porque ellos creían que el reino de Dios debería aparecer inmediatamente). Él entonces (oun) les dijo, un cierto hombre noble se fue a un país lejano para recibir por sí mismo un reino, y después volver. (Luc. 19:9-12)

Ahora en cuanto a las cosas ofrecidas a los ídolos, sabemos que todos tenemos conocimiento. El conocimiento envanece, pero la caridad edifica. Y si algún hombre piensa que él sabe algo, aún no sabe nada, como debiera saberlo. (Pero si algún hombre ama a Dios, el mismo es conocido por él). Acerca, pues (oun), de las comidas de aquellas cosas que son ofrecidas en sacrificio a los ídolos, sabemos que un ídolo no es nada en el mundo, y que no hay más que un Dios. (1 Cor. 8:1-4)

Pues en primer lugar, cuando os reunís en la iglesia, yo escucho que hay división entre ustedes, y en parte yo lo creo. (Porque deben haber también herejías entre ustedes, para que los aprobados puedan hacerse manifiestos entre ustedes). Cuando, pues (oun) os reunís en un lugar, no es para comer la cena del Señor. (1 Cor. 11:18-20)

De estos ejemplos podemos ver que la opinión unánime de los expertos del idioma griego que prepararon los diccionarios, diciendo que oun es usado para resumir una línea de pensamiento después de una interrupción, está bien apoyado por la evidencia bíblica.

Hemos visto que la tercera manera de ver Romanos 7, que el hombre desafortunado identificado por el pronombre personal de la primera persona, es el hombre que trata de hacer la voluntad de Dios mientras se rehúsa a aceptar a Cristo, así como Pablo una vez también lo hizo, fue mantenida por muchos escritores cristianos primitivos y por los líderes reformistas, Arminio y Wesley. Este punto de vista también fue mantenido por Ellen White. Aquí hay un ejemplo típico de su uso de los versos de Romanos 7.

"El pecado no mató a la ley, sino que mató la mente carnal en Pablo. "Ahora estamos libres de la ley declara él por haber muerto para aquélla en que estábamos sujetos, de modo que sirvamos bajo el régimen nuevo del Espíritu y no bajo el régimen viejo de la letra". (Rom. 7:6) "¿Luego lo que es bueno, vino a ser muerte para mí? En ninguna manera; sino que el pecado para mostrarse pecado, produjo en mí la muerte por medio de lo que es bueno, a fin de que por el mandamiento el pecado llegase a ser sobremanera pecaminoso". (Rom. 7:13) "De manera que la ley a la verdad es santa, y el mandamiento santo, justo y bueno". (Rom. 7:12) Pablo llama la atención de sus oyentes a la ley quebrantada y les muestra en qué son culpables. Los instruye como un maestro instruye a sus alumnos, y les muestra el camino de retorno a su lealtad a Dios.

En la transgresión de la ley, no hay seguridad ni reposo ni justificación. El hombre no puede esperar permanecer inocente delante de Dios y en paz con él mediante los méritos de Cristo, mientras continúe en pecado. Debe cesar de transgredir y llegar a ser leal y fiel".[2]

Cuando Arminio estaba defendiendo lo que él entendía por justificación y santificación a la luz de Romanos 7, le fue preguntado: "¿Si no es necesario que un cristiano peque, por qué ellos pecan? Su cuidadosa y considerada respuesta fue que los cristianos pecan porque no hacen uso del poder que Dios les ha otorgado.[3] De tal manera que sus pecados no pueden ser cargados contra Dios, como si fuese una falla de Él en no suplirlos con la gracia y la fuerza necesarias. Nuevamente, notamos la similitud con este punto de vista en los escritos de Ellen White:

---
[2] 1 Mensajes Selectos, pag. 250.
[3] Los Escritos de Jaime Arminio, Volumen II, pág. 312-320.

"Nuestro Padre celestial mide y pesa cada prueba antes de permitir que le sobrevengan al creyente. Considera las circunstancias y la fortaleza del que va a soportar la prueba de Dios, y nunca permite que las tentaciones sean mayores que su capacidad de resistencia. Si el alma se ve sobrepasada y la persona es vencida, nunca debe ponerse esto a la cuenta de Dios, como que no proporcionó la fortaleza de su gracia, sino que ello va a la cuenta del tentado, que no fue vigilante ni se dedicó a la oración, ni se apropió por la fe de las provisiones que Dios había atesorado en abundancia para él. Cristo nunca le ha fallado a un creyente en su hora de conflicto. El creyente debe reclamar la promesa y hacer frente al enemigo en el nombre del Señor, y no conocerá nada que se parezca al fracaso."—*Mensaje 6, 1889". 2 Mente, Carácter y Personalidad, Capítulo 50, Fortaleza Para Cada Prueba.*

Ego autos, entonces, yo solo, no es definitivamente el secreto del éxito. Aquello que es hecho a través del poder suplido por Dios no puede ser descrito por las palabras ego autos. El creyente que falla en reconocer su necesidad del perdón y de la gracia facultativa de Cristo está destinado a la frustración y a la derrota en la vida cristiana. Este es el mensaje de Romanos 7. Es un mensaje de advertencia, haciendo sonar su trompeta a lo largo de los siglos, contándonos que nunca debemos ser encontrados en la actitud de *ego autos*: yo solo.

Ellet J. Waggoner

Romanos 7—Casados con el mal marido

Todo el capítulo siete de Romanos está realmente contenido en el sexto. Quien comprende el capítulo anterior, no tendrá problemas con el actual. Somos hechos justos por la obediencia de Cristo. Eso se debe a que se nos da su vida ahora: Cristo vive en nosotros.

Llegamos a esa unión con Cristo al ser crucificados con él. En esa muerte queda destruido el cuerpo de pecado, a fin de que a partir de entonces no sirvamos más al pecado, o lo que es lo mismo: no transgredamos más la ley. Estamos tan estrechamente identificados con el pecado, que siendo este nuestra vida, no puede ser destruido sin que muramos. Pero en Cristo no hay pecado, de forma que cuando somos resucitados con él, el pecado permanece muerto. Siendo pues resucitados con él, vivimos con él, algo que era imposible anteriormente debido al pecado: el pecado no puede morar con Cristo.

Una Ilustración Sorprendente.

Romanos 7:1-7

1 ¿Ignoráis, hermanos, (porque hablo con los que saben la ley) que la ley se enseñorea del hombre entre tanto que vive? 2 Porque la mujer que está sujeta a marido, mientras el marido vive está obligada a la ley; mas muerto el marido, libre es de la ley del marido. 3 Así que, viviendo el marido, se llamará adúltera si fuere de otro varón; mas si su marido muriere, es libre de la ley; de tal manera que no será adúltera si fuere de otro marido.

La ilustración. Es algo sencillo, que todos pueden comprender. La ley de Dios dice del hombre y la mujer: "Serán dos en una carne". Estando vivo el marido, casarse con otro significaría el adulterio para ambos. La ley nunca sancionaría una unión tal.

Debido a razones que se harán evidentes más adelante, la ilustración contempla solamente el caso de la mujer que deja a su marido. La ley une al marido y a la mujer. Mantiene a esta sujeta a su marido por tanto tiempo como él vive. Si ella se uniese en matrimonio con otro hombre, se encontraría bajo la condenación de la ley. Pero si muere su marido, entonces puede unirse a otro y estar perfectamente libre de condenación.

En ese caso, la mujer "es libre de la ley" aunque la ley en nada haya variado. Lejos de haber sido abolida, la misma ley que mantenía a la mujer sujeta a su primer marido, y que la habría condenado por casarse con otro hombre en vida del primero, ahora la une con el otro y la mantiene sujeta a él tan estrechamente como la mantuvo a su primer marido. Si nos atenemos a esa sencilla ilustración, no encontraremos dificultad con lo que sigue.

La aplicación. De igual forma que en la ilustración hay cuatro personajes, así también en la aplicación: la ley, la mujer, el primer marido, y el segundo.

Nosotros estamos representados por la mujer. Está claro en la afirmación de que "seáis de otro, a saber, del que resucitó de los muertos", que es Cristo. Cristo resulta pues ser el segundo marido. El primero se describe en el versículo 5: "Mientras estábamos en la carne, los afectos de los pecados que eran por la ley, obraban en nuestros miembros fructificando para muerte". La muerte es el fruto del pecado. El primer marido, por lo tanto, era la carne, o "el cuerpo del pecado".

4 Así también vosotros, hermanos míos, estáis muertos a la ley por el cuerpo de Cristo, para que seáis de otro, a saber, del que resucitó de los muertos, a fin de que fructifiquemos a Dios. 5 Porque mientras estábamos en la carne, los afectos de los pecados que eran por la ley, obraban en nuestros miembros fructificando para muerte.

Muertos a la ley. Esa es la expresión que a tantos preocupa. Pero no hay motivo alguno de preocupación, si tenemos presente la ilustración y la naturaleza de las partes en esa negociación. ¿Para qué estamos muertos a la ley? Para poder casarnos con otro. ¿Cómo puede ser que morimos a fin de poder casarnos con otro? En la ilustración es el primer marido quien muere antes que la mujer pueda casarse con otro. Lo mismo sucede aquí, como después veremos.

Una carne. La ley del matrimonio consiste en que "los dos vendrán a ser una sola carne". ¿Cómo sucede aquí? El primer marido es la carne, el cuerpo de pecado. Verdaderamente éramos una carne con él. Estábamos por naturaleza perfectamente unidos al pecado. Era nuestra vida. Nos controlaba. Hacíamos lo que el pecado dictaba. Pudimos hacerlo a veces sin darnos cuenta, pero sea como fuere lo hacíamos. El pecado reinaba en nuestros cuerpos mortales, de manera que le obedecíamos en sus concupiscencias. Los deseos del pecado eran ley para nosotros. Éramos una carne con él.

6 Mas ahora estamos libres de la ley, habiendo muerto a aquella en la cual estábamos detenidos, para que sirvamos en novedad de espíritu, y no en vejez de letra.

En procura de divorcio. Llega entonces un momento en nuestra experiencia en el que quisiéramos liberarnos del pecado. Sucede cuando comenzamos a vislumbrar algo de la belleza de la santidad. En algunos, tal deseo es meramente ocasional; en otros, más constante. Sea que lo reconozcan o no, es Cristo quién les está llamando a dejar el pecado y a unirse con él, a fin de que vivan con él. Entonces se esfuerzan por hacer una separación. Pero el pecado no va a consentir. A pesar de todo cuanto podamos hacer, sigue aferrándose a nosotros. Somos "una carne" y existe una unión de por vida, puesto que se trata de la unión de nuestra vida con el pecado. En ese matrimonio no cabe el divorcio.

Libertad en la muerte. No hay esperanza alguna de poder separarse del pecado siguiendo métodos ordinarios. No importa lo mucho que podamos desear estar unidos con Cristo, no puede ocurrir tal cosa mientras permanecemos unidos al pecado. La ley nunca aprobaría una unión tal, y Cristo jamás participaría en una unión que no fuese lícita.

Si pudiésemos lograr que el pecado muriese, entonces quedaríamos libres, pero el pecado se niega a morir. Hay una sola forma en la que podemos ser liberados de esa siniestra unión, que es muriendo nosotros mismos. Si anhelamos la liberación hasta el punto de consentir en que nuestro yo sea crucificado, entonces tendrá lugar. La separación se hace efectiva en la muerte, ya que es por el cuerpo de Cristo como "nosotros" somos muertos. Somos crucificados con él. El cuerpo de pecado queda también crucificado. Pero si bien el cuerpo de pecado es destruido, somos resucitados en Cristo. La misma circunstancia que nos libra del primer marido, nos une al segundo.

Nueva criatura. Vemos ahora en qué consiste ser muertos a la ley. Fuimos muertos en Cristo, y resucitados en él. Ahora bien, "si alguno está en Cristo, nueva criatura es: las cosas viejas pasaron; he aquí todas son hechas nuevas. Y todo esto es de Dios" (2 Cor 5:17-18). Podemos ahora estar unidos con Cristo, y la ley dará testimonio y aprobación de esa unión. No es solamente que el primer marido murió, sino que nosotros mismos lo morimos también; de forma que aunque vivamos, no somos la misma criatura que fuimos anteriormente. "Con Cristo estoy juntamente crucificado, y vivo, no ya yo, mas vive Cristo en mí" (Gál 2:20). Somos uno. La misma ley que al principio nos declaraba pecadores, ahora nos mantiene unidos a Cristo.

Un servicio diferente. Ahora que se ha efectuado la unión con Cristo, servimos en novedad de espíritu y no en vejez de letra. En el matrimonio, la mujer debe estar sujeta al marido. Así, cuando estábamos unidos al pecado, estábamos sujetos a él en todo respecto. Por un tiempo se trataba de un servicio voluntario; pero cuando vimos al Señor y sentimos su atracción, se convirtió en un servicio tedioso. Intentábamos guardar la ley de Dios, pero estábamos maniatados y no podíamos. Sin embargo, ahora somos liberados. El pecado ya no nos recluye más, y nuestro servicio es libertad. Rendimos alegremente a Cristo todo el servicio que la ley requiere de nosotros. Lo rendimos debido a la perfecta unión existente. Su vida es la nuestra, puesto que fuimos resucitados exclusivamente por el poder de su vida. Por lo tanto, nuestra obediencia es sencillamente su lealtad y fidelidad en nosotros.

7 ¿Qué pues diremos? ¿La ley es pecado? En ninguna manera. Empero yo no conocí el pecado sino por la ley: porque tampoco conociera la concupiscencia, si la ley no dijera: No codiciarás.

El pecado por la ley. Dice el apóstol que "mientras estábamos en la carne, los afectos de los pecados que eran por la ley obraban en nuestros miembros fructificando para muerte". ¿Qué diremos entonces? ¿La ley es pecado? -De ninguna manera. La ley es justicia. Pero es solamente por la ley como se conoce el pecado. "No se imputa pecado no habiendo ley". "El aguijón de la muerte es el pecado, y la potencia del pecado, la ley" (1 Cor 15:56). "El pecado es la transgresión de la ley". Así, no puede haber pecado sin ley. Pero la ley no es pecado; si lo fuese, no podría reprobar el pecado. Convencer de pecado es la obra del Espíritu Santo, no la de Satanás. Este último querría hacernos creer que el pecado está bien.

No codiciarás. Podría parecerte extraño que el apóstol cite sólo ese mandamiento, al exponer cómo fue convicto de pecado. La razón es sencilla: ese mandamiento incluye a todos los demás. Sabemos (Col 3:5) que la codicia es idolatría. Así, la ley termina de la misma forma que comienza. Traza un círculo completo que incluye todo deber de toda persona en el universo entero. "Tampoco conociera la concupiscencia" –deseo ilícito– "si la ley no dijera: No codiciarás". Ahora bien, la concupiscencia es el principio de todo pecado, ya que "la concupiscencia, después que ha concebido, pare el pecado" (Sant 1:15). Y el pecado es la transgresión de la ley.

Pero el décimo mandamiento es el que prohíbe la concupiscencia o deseo ilícito. Por lo tanto, si se lo guarda perfectamente, se guardan también los otros. Y si no se guarda, entonces no se guarda ninguna parte de la ley. Vemos pues que al citar el décimo mandamiento como el que lo convenció de pecado, el apóstol incluye realmente toda la ley.

Viviendo con él. Antes de finalizar esta sección hemos de prestar atención a la fuerza de lo expresado en el octavo versículo del capítulo sexto: "Si morimos con Cristo, creemos que también viviremos con él". Podemos ver cuán apropiado es eso, al comprender que es nuestra muerte con Cristo la que nos libra de la unión con el monstruo del pecado, y nos une en matrimonio con Cristo. Las personas se casan con el propósito de vivir juntas. Así, nos unimos con Cristo a fin de poder vivir con él aquí y en el mundo venidero. Si queremos vivir con él en el mundo venidero, hemos de vivir con él en este mundo.

En los primeros siete versículos del capítulo siete de Romanos hemos visto la relación que por naturaleza mantenemos con el pecado, y la que –mediante la gracia– mantenemos después con Cristo, representadas bajo la figura del casamiento con el primer y el segundo maridos. La unión con el segundo marido no puede tener lugar mientras vive el primero. El matrimonio es tan perfecto, siendo ambas partes literalmente una carne y una sangre, que no puede morir el uno sin el otro. Tenemos que morir con el pecado, antes de poder separarnos de él.

Pero morimos en Cristo, y dado que él vive -aunque fue muerto-, nosotros también vivimos con él. Pero en su vida no hay pecado, de forma que el cuerpo del pecado resulta deshecho, mientras que nosotros somos resucitados. Así, en la muerte somos separados del primer marido: el pecado, y unidos al segundo: Cristo.

En los versículos que siguen el apóstol describe la lucha con el pecado, una vez que este se ha convertido en algo aborrecible. Es en realidad un desarrollo de cuanto se ha presentado en los primeros versículos:

La Lucha Por La Liberación.

Romanos 7:8-25

8 *"Mas el pecado, tomando ocasión, obró en mí por el mandamiento toda concupiscencia: porque sin la ley el pecado está muerto."*

Una personificación del pecado. Es preciso observar que a lo largo de todo el capítulo se representa al pecado como a una persona: se trata del primer marido al que estamos unidos. Pero la unión se ha vuelto insufrible, pues tras haber visto a Cristo y habiendo sido atraídos hacia él por su amor, nos hemos dado cuenta de que estábamos unidos a un esperpento. La unión matrimonial se ha convertido en un amargo yugo y nuestro único pensamiento es cómo librarnos del monstruo al que estamos unidos y que nos está arrastrando a una muerte segura. La escena que describe este capítulo es una de las más vívidas de toda la Biblia.

La fuerza del pecado. "El aguijón de la muerte es el pecado, y la potencia del pecado, la ley" (1 Cor 15:56). "Sin la ley el pecado está muerto". "No se imputa pecado no habiendo ley". "Donde no hay ley, tampoco hay transgresión". Y es así como "el pecado, tomando ocasión, obró en mí por el mandamiento toda concupiscencia". El pecado es sencillamente la ley transgredida, ya que "el pecado es la transgresión de la ley" (1 Juan 3:4). El pecado no tiene fuerza alguna, por lo tanto, salvo la que le concede la ley. La ley no es pecado, sin embargo, nos mantiene unidos al pecado; es decir, testifica del pecado y no nos provee ninguna escapatoria, por la sencilla razón de que no puede dar falso testimonio.

9 Así que, yo sin la ley vivía por algún tiempo: mas venido el mandamiento, el pecado revivió, y yo morí. 10 Y hallé que el mandamiento intimado para vida, para mí era mortal:

La ley de vida y la ley de muerte. "El mandamiento intimado para vida, para mí era mortal". La ley de Dios es la vida de Dios. "Sed, pues, vosotros perfectos, como vuestro Padre que está en los cielos es perfecto" (Mat 5:48). Su vida es la norma para todas sus criaturas. Aquellos en quienes se hace perfectamente manifiesta la vida de Dios, guardan su ley. Es por lo tanto muy evidente que el designio de la ley es la vida, puesto que es vida ella misma. Pero lo opuesto a la vida es la muerte. Por lo tanto, la transgresión de la ley significa muerte para el transgresor.

11 Porque el pecado, tomando ocasión, me engañó por el mandamiento, y por él me mató. 12 De manera que la ley a la verdad es santa, y el *mandamiento santo, y justo, y bueno. **13** ¿Luego lo que es bueno, a mí me es hecho muerte? No; sino que el pecado, para mostrarse pecado, por lo bueno me obró la muerte, haciéndose pecado sobremanera pecante por el mandamiento.*

El enemigo mortal. "Tomando ocasión por el Mandamiento, el pecado me engañó, y por él me mató". El enemigo no es la ley, sino el pecado. Es el pecado quien mata, ya que "el aguijón de la muerte es el pecado". El pecado lleva en él el veneno de la muerte. El pecado nos engañó de tal manera que por un tiempo nos hizo creer que era nuestro amigo, y nos aferramos a él, deleitándonos en esa unión. Pero cuando la ley nos ilumina, descubrimos que el abrazo del pecado es el abrazo de la muerte.

La ley, exonerada. La ley señaló el hecho de que el pecado nos estaba matando. "De manera que la ley a la verdad es santa, y el mandamiento santo, justo y bueno". No tenemos más motivo para denostar la ley del que tendríamos para odiar a la persona que nos informase de que lo que estamos comiendo confiadamente, es en realidad un veneno. El tal es nuestro amigo. No lo sería si nos ocultara el peligro. El hecho de que no sea capaz de curar la enfermedad que el veneno ingerido ocasiona, no lo hace menos amigo nuestro. Nos advirtió del peligro, y podemos ahora solicitar asistencia del médico. Así, al fin y al cabo, la ley misma no fue muerte para nosotros, sino que su función es hacer el "pecado sobremanera pecante por el mandamiento".

14 Porque sabemos que la ley es espiritual; mas yo soy carnal, vendido a sujeción del pecado. 15 Porque lo que hago, no lo entiendo; ni lo que quiero, hago; antes lo que aborrezco, aquello hago. 16 Y si lo que no quiero, esto hago, apruebo que la ley es buena. 17 De manera que ya no obro aquello, sino el pecado que mora en mí. 18 Y yo sé que en mí (es a saber, en mi carne) no mora el bien: porque tengo el querer, mas efectuar el bien no lo alcanzo. 19 Porque no hago el bien que quiero; mas el mal que no quiero, este hago. 20 Y si hago lo que no quiero, ya no lo obro yo, sino el pecado que mora en mí.

La ley es espiritual. "Sabemos que la ley es espiritual". Si ese hecho fuese más ampliamente reconocido, existiría mucha menos legislación religiosa entre las así llamadas naciones cristianas. Nadie trataría de imponer por la fuerza los mandamientos de Dios. Puesto que la ley es espiritual: solamente se la puede obedecer mediante el poder del Espíritu de Dios. "Dios es Espíritu" (Juan 4:24), por lo tanto, la ley es la naturaleza de Dios. Espiritual es lo opuesto a carnal, o de la carne. Por eso sucede que los que están en la carne no pueden agradar a Dios.

Un esclavo. "Mas yo soy carnal; vendido a sujeción del pecado". El que está vendido es un esclavo; la evidencia de la esclavitud está muy clara en esa expresión. Los hombres libres hacen aquello que quieren hacer.

Solamente los esclavos realizan aquello que no quisieran, y se les impide continuamente que hagan aquello que desean. "Lo que hago, no lo entiendo; ni lo que quiero, hago; antes lo que aborrezco, aquello hago". Es imposible imaginar una situación más desgraciada que esa. La vida, en ese estado, no puede ser otra cosa más que una carga.

Convicción, pero no conversión. "Si lo que no quiero, esto hago, apruebo que la ley es buena". El hecho de que no quisiéramos hacer los pecados que cometemos muestra que reconocemos la justicia de la ley que los prohíbe. Pero ser convicto no es estar convertido, aunque sea un paso muy necesario para la conversión. No basta con desear hacer lo recto. Se pronuncia la bendición sobre aquellos que cumplen sus mandamientos; no sobre aquellos que quisieran cumplirlos, como tampoco siquiera sobre aquellos que intentan cumplirlos. Verdaderamente, si no fuera posible para el profeso seguidor de Dios una posición más elevada que la descrita en ese versículo, este resultaría estar en una situación mucho peor que la del pecador empedernido. Ambos son esclavos, sólo que el último está tan endurecido que encuentra placer en su esclavitud.

Si es que uno debe ser esclavo por toda la vida, es preferible que sea inconsciente de su esclavitud, a que pase la vida consumiéndose continuamente en el conocimiento del hecho inevitable. Pero hay algo mejor, por lo tanto, es una bendición el que seamos convencidos de pecado y que nuestra esclavitud venga con ello a resultar tan desagradable como sea posible.

21 Así que, queriendo yo hacer el bien, hallo esta ley: Que el mal está en mí. 22 Porque según el hombre interior, me deleito en la ley de Dios: 23 Mas veo otra ley en mis miembros, que se rebela contra la ley de mi espíritu, y que me lleva cautivo a la ley del pecado que está en mis miembros.

Dos leyes. "Queriendo yo hacer el bien, hallo esta ley: que el mal está en mí. Porque según el hombre interior, me deleito en la ley de Dios; mas veo otra ley en mis miembros, que se rebela contra la ley de mi espíritu, y que me lleva cautivo a la ley del pecado que está en mis miembros". Considéralo junto al versículo 5.

Recuerda también que todo lo anterior está escrito para quienes conocen la ley. No va dirigido a los paganos que la ignoran, sino a los que profesan conocer a Dios. Habiendo conocido la ley, estamos unidos en matrimonio con el pecado. Ese pecado está en nuestra carne, puesto que los que están casados son hechos una sola carne. Es la ley la que da testimonio de que somos pecadores, y eso no nos supone ningún medio de escapar al hecho. Somos esclavos. Cualquiera que comete pecado, es siervo del pecado (Juan 8:34). La ley, pues, en esa situación, no nos permite ser otra cosa que lo que somos, y nos mantiene en esa servidumbre. Mientras permanecemos en esa condición, no es para nosotros una ley de libertad.

24 ¡Miserable hombre de mí! ¿quién me librará del cuerpo de esta muerte?

El cuerpo de muerte. Estamos unidos en matrimonio con el pecado. Pero el pecado lleva en sí mismo la muerte, ya que "el aguijón de la muerte es el pecado". El pecado es aquello con lo que la muerte nos mata. Por lo tanto, el cuerpo del pecado al que estamos unidos mientras estamos en la carne, es ni más ni menos que un cuerpo de muerte. ¡Terrible condición! Estamos juntos en esa unión estrecha, y somos una sola carne con aquello que es la muerte misma: es una muerte en vida.

"Y la potencia del pecado, la ley". La ley da testimonio de nuestra unión con el pecado y nos mantiene en esa esclavitud de muerte. Si es que no hubiese esperanza de escapar, bien podríamos maldecir la ley por no permitir que muramos en la ignorancia. Pero aunque pudiera parecer que la ley esté desprovista de piedad, no obstante, es nuestro mejor amigo. Nos lleva a sentir el carácter mortífero de nuestra esclavitud, hasta que clamamos angustiados: "¡Miserable hombre de mí! ¿quién me librará del cuerpo de esta muerte?" Si no nos libra alguien, perecemos.

25 Gracias doy a Dios, por Jesucristo Señor nuestro. Así que, yo mismo con la mente sirvo a la ley de Dios, mas con la carne a la ley del pecado.

Hay un Libertador. Dice un proverbio secular que Dios ayuda a los que se ayudan a sí mismos. Sin embargo, la verdad es que Dios ayuda a quienes no pueden ayudarse a sí mismos. "Estaba yo postrado, y me salvó" (Sal 116:6). Nadie que clame por socorro clamará en vano. Si clamamos por auxilio, allí, a nuestro alcance, está el Libertador. Aunque el pecado está obrando muerte en nosotros por el poder de la ley, podemos exclamar: "Gracias a Dios, que nos da la victoria por el Señor nuestro Jesucristo" (1 Cor 15:57). "Vendrá de Sión el Libertador, que quitará de Jacob la impiedad" (Rom 11:26).

"Habiendo Dios resucitado a su Hijo, lo envió primero a vosotros para que os bendijese, a fin de que cada uno se convierta de su maldad" (Hechos 3:26). "Gracias a Dios por su don inefable" (2 Cor 9:15).

Dividido. "Con la mente sirvo a la ley de Dios, mas con la carne a la ley del pecado". Evidentemente eso es así mientras uno está en la condición descrita en los versículos precedentes. Se propone servir a la ley de Dios, pero en la práctica sirve a la ley del pecado. Como leemos en otro lugar: "La carne desea contra el Espíritu, y el Espíritu contra la carne. Los dos se oponen entre sí, para que no hagáis lo que quisierais" (Gál 5:17). No es un estado de servicio real a Dios, ya que leemos en el siguiente capítulo que "los que están en la carne no pueden agradar a Dios". Se trata de un estado del que bien puede uno clamar por liberación, de tal forma que pueda servir al Señor no sólo con la mente, sino con el ser entero. "El mismo Dios de paz os santifique por completo; y todo vuestro ser: espíritu, alma y cuerpo, sea guardado sin culpa para la venida de nuestro Señor Jesucristo. El que os llamó es fiel, quien también lo hará" (1 Tes 5:23-24).

Comentarios de Elena White sobre Romanos 7

7 Saulo es el hombre descrito en Romanos 7

El alma debe primeramente ser convencida de pecado antes que el pecador sienta el deseo de acudir a Cristo. "El pecado es infracción de la ley". 1 Juan 3:4. "Yo no conocí el pecado sino por la ley". Romanos 7:7. ***Cuando el mandamiento penetró en la conciencia de Saulo, el pecado revivió, y él murió***. Se vio condenado por la ley de Dios. El pecador no puede ser convencido de su culpabilidad a menos que entienda qué constituye el pecado. Es imposible para el individuo experimentar la santificación bíblica mientras sostenga que si cree en Cristo da lo mismo que obedezca la ley de Dios o que la desobedezca.

Los que profesan guardar la ley de Dios y sin embargo en el corazón se entregan al pecado, son condenados por el Testigo Verdadero. Pretenden ser ricos en el conocimiento de la verdad; pero no están en armonía con sus principios sagrados. La verdad no santifica sus vidas. La Palabra de Dios declara que quien profesa observar los mandamientos, pero cuya vida contradice su fe, es ciego, miserable, pobre y desnudo.

La ley de Dios es el espejo que presenta una imagen completa del hombre tal cual es, y sostiene delante de él el modelo correcto. Algunos se alejarán y olvidarán este cuadro, mientras otros emplearán epítetos injuriosos contra la ley, como si esto pudiera remediar sus defectos de carácter. Pero otros, al verse condenados por la ley, se arrepentirán de su transgresión y, mediante la fe en los méritos de Cristo, perfeccionarán el carácter cristiano." — *Review and Herald, 8 de marzo de 1881.*

7-9 El cambio maravilloso de Pablo.

"Pablo dice que "en cuanto a ley" -en lo que respecta a actos externos- era "irreprensible"; pero cuando discernió el carácter espiritual de la ley, cuando se miró en el santo espejo, se vio a sí mismo pecador. Juzgado por una norma humana, se había abstenido de pecado; pero cuando miró dentro de las profundidades de la ley de Dios, y se vio a sí mismo como Dios lo veía, se inclinó humildemente y confesó su culpa. No se apartó del espejo ni se olvidó qué clase de hombre era, sino que experimentó verdadero arrepentimiento ante Dios y tuvo fe en nuestro Señor Jesucristo. Fue lavado, fue limpiado. Dice: "Tampoco conociera la codicia, si la ley no dijera: No codiciarás. Mas el pecado, tomando ocasión por el mandamiento, produjo en mí toda codicia; porque sin la ley el pecado está muerto. Y yo sin la ley vivía en un tiempo; pero venido el mandamiento, el pecado revivió y yo morí".

El pecado entonces apareció en su verdadero horror, y desapareció su amor propio. Se volvió humilde. Ya no se atribuyó más bondad y mérito a sí mismo. Dejó de tener más alto concepto de sí mismo que el que debía tener, y atribuyó toda la gloria a Dios. No tuvo más ambición de grandezas. Dejó de desear venganza, y no fue más sensible al reproche, al desdén o al desprecio. No buscó más la unión con el mundo, posición social u honores. No derribó a otros para ensalzarse él. Se volvió manso, condescendiente, dócil y humilde de corazón, porque había aprendido su lección en la escuela de Cristo. Hablaba de Jesús y su amor incomparable, y crecía más y más a su imagen. Dedicaba todas sus energías a ganar almas para Cristo. Cuando le sobrevenían pruebas debido a su abnegada labor por las almas, se inclinaba en oración y aumentaba su amor por ellas. Su vida estaba escondida con Cristo en Dios, y amaba a Jesús con todo el ardor de su alma. Amaba a cada iglesia; se interesaba en cada miembro de iglesia, pues consideraba que cada alma había sido comprada con la sangre de Cristo." —*Review and Herald 22 de Julio de 1890.*

9 La Ley de Dios no murió.

"El apóstol Pablo al relatar sus experiencias presenta una importante verdad acerca de la obra que debe efectuarse en la conversión. Dice: "Yo sin la ley vivía en un tiempo -no sentía ninguna condenación-; pero venido el mandamiento -cuando la ley de Dios se manifestó con fuerza en su conciencia-, el pecado revivió y yo morí". Entonces se consideró pecador, condenado por la ley divina. Obsérvese que fue Pablo el que murió, y no la ley." —*Spirit Of Prophecy; Volume 4, 297.*

12 La ley mantiene su dignidad.

"Pablo llama la atención de sus oyentes a la ley quebrantada y les muestra en qué son culpables. Los instruye como un maestro instruye a sus alumnos, y les muestra el camino de retorno a su lealtad a Dios.

En la transgresión de la ley, no hay seguridad ni reposo ni justificación. El hombre no puede esperar permanecer inocente delante de Dios y en paz con él mediante los méritos de Cristo, mientras continúe en pecado. Debe cesar de transgredir y llegar a ser leal y fiel. Cuando el pecador examina el gran espejo moral, ve sus defectos de carácter. Se ve a sí mismo tal como es, manchado, contaminado y condenado. Pero sabe que la ley no puede, en ninguna forma, quitar la culpa ni perdonar al transgresor. Debe ir más allá. La ley no es sino el ayo para llevarlo a Cristo. Debe contemplar a su Salvador que lleva los pecados. Y cuando Cristo se le revela en la cruz del Calvario, muriendo bajo el peso de los pecados de todo el mundo, el Espíritu Santo le muestra la actitud de Dios hacia todos los que se arrepienten de sus transgresiones." —*Mensajes Selectos Tomo 1, pag. 250.*

"A través del plan de salvación la ley mantiene su dignidad al condenar al pecador, y el pecador puede ser salvado mediante la propiciación de Cristo por nuestros pecados, "en quien tenemos redención por su sangre, el perdón de pecados". La ley no ha sido cambiada en ningún sentido, para amoldarse al hombre en su condición caída. Permanece como siempre ha sido: santa, justa y buena." —*Review and Herald 23 de Mayo de 1899.*

18 En mi Carne, no mora el Bien

"A los que se han esforzado tanto por alcanzar por la fe la así llamada carne santificada, quiero decirles: No podéis obtenerla. Ninguno de vosotros posee ahora carne santificada. Ningún ser humano en la tierra tiene carne santificada. Es una imposibilidad." —*Mensajes Selectos Tomo 2, pag. 36.*

25 Con la Mente Sirvo a la Ley de Dios

"Servimos a la ley de Dios con la mente, pero las mentes de muchos han estado sirviendo al mundo. Y mientras sus mentes estaban completamente ocupadas con las cosas terrenas y sirviéndose a sí mismos, no podían servir a la ley de Dios." —*Testimonios para la Iglesia, tomo 1, pág. 141.*

"Es vital que comprendamos cuán imprescindible es morir al yo. La crucifixión de éste colocará a las almas en una posición ventajosa. Insto a todos los que profesan ser cristianos a que mueran al yo de modo que puedan atizar una nueva vida por el poder del Espíritu Santo. El archienemigo está trabajando con todo engaño de injusticia en los que se pierden. Diariamente necesitamos el poder de Dios que convierte, o no podremos seguir en las huellas de Cristo. *En tanto la mente se ilumine en lo que respecta a la pureza y santificación y el corazón responda a los esfuerzos del Espíritu Santo, el resultado será una conversión diaria.*" —*Alza Tus Ojos, pág. 267.*

Otros libros del Autor y del Mensaje de 1888 disponibles:

1. Descubriendo la Cruz, Autor: Robert J. Wieland.
2. Introducción al Mensaje de 1888, Autor: Robert J. Wieland.
3. 1888 Reexaminado, Autores: Robert J. Wieland y Donald K. Short.
4. He aquí, Yo estoy a la Puerta y llamo, Autor: Robert J. Wieland.
5. Diez Grandes Verdades del Evangelio, Autor: Robert J. Wieland.
6. Nuestro Glorioso Futuro, Autor: Robert J. Wieland.
7. Reavivamientos Modernos, Autor: Elena G. de White.
8. La Palabra se Hizo Carne, Autor: Ralph Larson.
9. Cristologia en los Escritos de Elena G. de White, Autor: Ralph Larson.
10. El Evangelio en Gálatas, Autor: E. J. Waggoner.
11. Carta a los Romanos, Autor: E. J. Waggoner.
12. El Pacto Eterno, Autor: E. J. Waggoner.
13. Cristo y su Justicia, Autor: E. J. Waggoner.

14. 1888 Materiales; Volúmenes 1-4 en español, Autor: Elena G. de White.

15. El Camino Consagrado a la Perfección Cristiana, Autor: A. T. Jones.

16. El Mensaje del Tercer Ángel; 3 Volúmenes, Autor: A. T. Jones.

17. Lecciones sobre la Fe, Autores: A. T. Jones y E. J. Waggoner.

*Si desea adquirirlos al por mayor (40% descuento), son por cajas de 50 libros (puede ser mixto) y nos puede contactar a este correo:

lsdistribution07@gmail.com

www.ingramcontent.com/pod-product-compliance
Lightning Source LLC
Chambersburg PA
CBHW050447010526
44118CB00013B/1726